# मोर पाँव

# मोर पाँव

मुनव्वर राना

वाणी प्रकाशन

वाणी प्रकाशन
*4695, 21-ए, दरियागंज, नयी दिल्ली 110 002*

शाखा

*अशोक राजपथ, पटना 800 004*

फ़ोनः +91 11 23273167 फ़ैक्सः +91 11 23275710

www.vaniprakashan.in
vaniprakashan@gmail.com
sales@vaniprakashan.in

MOR PAON
*by* Munawwar Rana

ISBN : 978-81-8143-980-2
Ghazals



संस्करण : 2009, 2015
आवृत्ति 2017
मूल्य : ₹ 150



*आर.टेक ऑफसेट, दिल्ली-110 032 में मुद्रित*

*वाणी प्रकाशन का लोगो मक़बूल फ़िदा हुसेन की कूची से*

आईने जैसी चमक,
ख़ूबसूरती और नाज़ुकी रखने वाले

मुकुल सोमानी

के नाम

जिनसे मिल कर अपनी शख़्सियत
मोर के पाँव जैसी
लगती है!

बज़ाहिर जो बहुत अच्छे भले मालूम होते हैं
वो अन्दर से बहुत टूटे हुए मालूम होते हैं।

# अनुक्रम

## ग़ज़लें

मुनव्वर राना एक दुखी आत्मा का नाम है जबकि लोगों को उसकी ज़िन्दगी में बड़ी चमक दिखायी देती है। कलकत्ते और दिल्ली से पूरे मुल्क में फैला हुआ उसका कारोबार; हवाई जहाज़ों, रेल के एयर कण्डिशण्ड डिब्बों और चमकती हुई कारों में उसका सफ़र, सितारों वाले होटलों में उसका क़याम, उसका सुखी घर-संसार, जहाँ उसकी जीवन-संगिनी, हँसती हुई गुड़ियों जैसी बच्चियों और किलकारियाँ भरते हुए फूल जैसे मासूम और चाँद जैसे प्यारे बेटे के अलावा ज़िन्दगी को आराम-ओ-आसाइश से गुज़ारने के लिए नये-से-नया और अच्छे-से-अच्छा सामान मौजूद है, लेकिन उसने कभी ख़ुशी के साथ ख़ुशी की तरफ़ देखा भी नहीं।

किसी दुख का किसी चेहरे से अन्दाज़ा नहीं होता
शजर तो देखने में सब हरे मालूम होते हैं

उसका सबसे बड़ा दुख गाँव से नाता टूट जाने का है। शहर को अपनाने के बाद भी उसे यही दुख सताता है कि—

भीख से तो भूख अच्छी गाँव को वापस चलो
शहर में रहने से ये बच्चा बुरा हो जायेगा

कभी उसको यह ग़म सताता है कि उसकी तहज़ीब बेलिबास हुई जा रही है, कभी किसी जनाज़े को देख कर उसे किसी बूढ़े की लाठी छिन जाने का दुख होता है, कभी उसको यह ग़म खाये जाता है कि दुनिया में झूठ बोलने वालों का ही बोल-बाला होता है, कभी ख़ानदानी इज़्ज़त की प्रतीक हवेली को बाज़ार बनते देख कर वह रो पड़ता है, कभी ऊँची-ऊँची हवेलियों को देख कर उसे उन मज़दूरों की याद दुखी करती है जिन्होंने तपती-जलती दोपहरों में ये इमारतें बनायी थीं और ख़ुद झोंपड़ियों में ज़िन्दगी की आख़िरी साँसें ली थीं—यह और ऐसे ही बहुत-से दुख उसे सताते हैं!

बहुत ज़माना हुआ, गौतम ने इन्हीं दुखों से छुटकारा पाने के लिए संसार को त्याग दिया था, लेकिन मुनव्वर राना का दुख यह है कि वह रात के अँधेरे में छुप कर कहीं जा नहीं सका, वह संसार को त्याग भी नहीं सका, शायद यही वजह है कि उसने शायरी के दामन में पनाह ढूँढ ली और अपने दुखों को इस तरह हिफ़ाज़त के साथ रक्खा जैसे औरतें अपने गहने सँभाल कर रखती हैं।

'मोर पाँव' उसकी ग़ज़लों की तीसरी किताब है। मुझे विश्वास है कि 'ग़ज़ल गाँव' और 'पीपल छाँव' की तरह इस किताब का भी स्वागत होगा।

**—वाली आसी**

## 1.

हम भटक जायेंगे ऐसे में कभी मत जाना
तुम हमें छोड़ के रस्ते में कभी मत जाना

वो समझते हैं कि तुम दोस्त हो मेरे शायद
मेरे दुश्मन के इलाक़े में कभी मत जाना

मुन्तज़िर होंगी वो पाक़ीजा-सी आँखें घर में
घर की दहलीज़ पे नश्शे में कभी मत जाना

आ गये हो तो हमेशा मेरे दिल में रहना
अब किसी दूसरे कमरे में कभी मत जाना

मुफ़लिसी मुझसे ये कहती है मुनव्वर साहब
जेब ख़ाली हो तो मेले में कभी मत जाना

❖

मेरे बच्चे नामुरादी में जवाँ भी हो गये
मेरी ख़्वाहिश सिर्फ़ बाज़ारों को तकती रह गयी

❖

## 2.

झूठ कैसे हलक़ से उतरे निवाले की तरह
मेरी ग़ैरत चीख़ती है मुँह के छाले की तरह

प्यास की शिद्दत से मुँह खोले परिन्दा गिर पड़ा
सीढ़ियों पर हाँफते अख़बार वाले की तरह

ऐसे मौसम में बरहना फिर रहा हूँ मैं कि जब
ओढ़ लेता है शजर पत्ते दोशाले की तरह

एक क़ैदी की तरह मेरी अना बेबस रही
ख़्वाहिशें घेरे रहीं मकड़ी के जाले की तरह

इक सुलगते हुए शहर में बच्चा मिला हँसता हुआ
सहमे-सहमे-से चराग़ों के उजाले की तरह

❖

## 3.

वो सरबुलन्द हमेशा ख़ुशामदों में रहा
मैं सर झुकाये रहा और सरमदों में रहा

महाजिरो, यही तारीख़ है मकानों की
बनाने वाला हमेशा बरामदों में रहा

कबूतरों को मैं पानी पिला के ख़ुश हूँ बहुत
यही बहुत है कि कुछ देर सैयदों में रहा

मेरे बुज़ुर्गों को इसकी ख़बर नहीं शायद
पनप नहीं सका जो पेड़ बरगदों में रहा

हमारे पेड़ का हर फल पड़ोसियों का नसीब
हमारा शेर पराये मुसव्वदों में रहा

❖

## 4.

मैं उसको छोड़ न पाया बुरी लतों की तरह
वो मेरे साथ है बचपन की आदतों की तरह

मुझे सँभालने वाला कहाँ से आयेगा
मैं गिर रहा हूँ पुरानी इमारतों की तरह

हँसा-हँसा के रुलाती है रात-दिन दुनिया
सुलूक इसका है अय्याश औरतों की तरह

वफ़ा की राह मिलेगी इसी तमन्ना में
भटक रही है मुहब्बत भी उम्मतों की तरह

मता-ए-दर्द लुटी तो लुटी ये दिल भी कहीं
न डूब जाय ग़रीबों की उजरतों की तरह

ख़ुदा करे कि उमीदों के हाथ पीले हों
अभी तलक तो गुज़ारी है इद्दतों की तरह

यहाँ पे दफ़्न हैं मासूम ख़्वाहिशें राना
हमारा दिल भी है बच्चों की तुरबतों की तरह

❖

## 5.

इसी गली में वो भूखा किसान रहता है
ये वो ज़मीं है जहाँ आसमान रहता है

मैं डर रहा हूँ हवा से ये पेड़ गिर न पड़े
कि इस पे चिड़ियों का इक ख़ानदान रहता है

सड़क पे घूमते पागल की तरह दिल है मेरा
हमेशा चोट का ताज़ा निशान रहता है

तुम्हारे ख़्वाबों से आँखें महकती रहती हैं
तुम्हारी याद से दिल ज़ाफ़रान रहता है

हमें हरीफ़ों की तादाद क्यों बताते हो
हमारे साथ भी बेटा जवान रहता है

सजाये जाते हैं मक़तल मेरे लिए 'राना'
वतन में रोज़ मेरा इम्तहान रहता है

❖

## 6.

वो ग़ज़ल पढ़ने में लगता भी ग़ज़ल जैसा था
सिर्फ़ ग़ज़लें नहीं, लहजा भी ग़ज़ल जैसा था

वक़्त ने चेहरे को बख़्शी हैं ख़राशें वरना
कुछ दिनों पहले ये चेहरा भी ग़ज़ल जैसा था

तुमसे बिछड़ा तो पसन्द आ गयी बेतरतीबी
इससे पहले मेरा कमरा भी ग़ज़ल जैसा था

कोई मौसम भी बिछड़ कर हमें अच्छा न लगा
वैसे पानी का बरसना भी ग़ज़ल जैसा था

नीम का पेड़ था, बरसात थी और झूला था
गाँव में गुज़रा ज़माना भी ग़ज़ल जैसा था

वो भी क्या दिन थे तेरे पाँव की आहट सुन कर
दिल का सीने में धड़कना भी ग़ज़ल जैसा था

इक ग़ज़ल देखती रहती थी दरीचे से मुझे
सोचता हूँ वो ज़माना भी ग़ज़ल जैसा था

कुछ तबीयत भी ग़ज़ल कहने पे आमादा थी
कुछ तेरा फूट के रोना भी ग़ज़ल जैसा था

मेरा बचपन था, मेरा घर था, खिलौने थे मेरे
सर पे माँ-बाप का साया भी ग़ज़ल जैसा था

नर्म-ओ-नाज़ुक-सा बहुत शोख़-सा शर्मीला-सा
कुछ दिनों पहले तो राना भी ग़ज़ल जैसा था

## 7.

ओढ़े हुए बदन पे ग़रीबी चले गये
बहनों को रोता छोड़ के भाई चले गये

दुनिया बहुत ख़राब है शायद इसीलिए
जो अच्छे लोग आये वो जल्दी चले गये

हिजरत की आँधियों ने गिराये बहुत-से पेड़
कितने ही मीर छोड़ के, दिल्ली चले गये

पैदा यहीं हुआ हूँ यहीं पर मरूँगा मैं
वो और लोग थे जो कराची चले गये

वो जिनको आबरू-ए-ग़ज़ल तक कहा गया
वो भी ग़ज़ल सुना के पुरानी चले गये

❖

## 8.

तुम्हारे जिस्म की ख़ुशबू गुलों से आती है
ख़बर तुम्हारी भी अब दूसरों से आती है

हमीं अकेले नहीं जागते हैं रातों में
उसे भी नींद बड़ी मुश्किलों से आती है

हमारी आँखों को मैला तो कर दिया लेकिन
मुहब्बतों में चमक आँसुओं से आती है

इसीलिए तो अँधेरे हसीन लगते हैं
कि रात मिल के तेरे गेसुओं से आती है

ये किस मक़ाम में पहुँचा दिया मुहब्बत ने
कि तेरी याद भी अब कोशिशों से आती है

❖

मैंने लफ़्ज़ों को बरतने में लहू थूक दिया
आप तो सिर्फ़ ये देखेंगे ग़ज़ल कैसी है

❖

## 9.

फ़रिश्ते आ के उनके जिस्म पर ख़ुशबू लगाते हैं
वो बच्चे रेल के डिब्बों में जो झाड़ू लगाते हैं

अँधेरी रात में अक्सर सुनहरी मशअलें ले कर
परिन्दों की मुसीबत का पता जुगनू लगाते हैं

दिलों का हाल आसानी से कब मालूम होता है
कि पेशानी पे चन्दन तो सभी साधू लगाते हैं

ये माना आप को शोले बुझाने में महारत है
मगर वो आग जो मज़लूम के आँसू लगाते हैं

किसी के पाँव की आहट से दिल ऐसे उछलता है
छलांगें जंगलों में जिस तरह आहू लगाते हैं

बहुत मुमकिन है अब मेरा चमन वीरान हो जाये
सियासत के शजर पर घोंसले उल्लू लगाते हैं

❖

## 10.

धँसती हुई क़ब्रों की तरफ़ देख लिया था
माँ-बाप के चेहरों की तरफ़ देख लिया था

दौलत से मुहब्बत तो नहीं थी मुझे लेकिन
बच्चों ने खिलौनों की तरफ़ देख लिया था

उस दिन से बहुत तेज़ हवा चलने लगी है
बस मैंने चराग़ों की तरफ़ देख लिया था

अब तुमको बुलन्दी कभी अच्छी न लगेगी
क्यों ख़ाकनशीनों की तरफ़ देख लिया था

तलवार तो क्या मेरी नज़र तक नहीं उट्ठी
उस शख़्स के बच्चों की तरफ़ देख लिया था

❖

## 11.

किसी के दिल में किसी की ग़ज़ल में रहता है
वो ख़ुशनसीब हमेशा महल में रहता है

तमाम उम्र उतरता नहीं नशा इसका
अजीब ज़ायक़ा चाहत के फल में रहता है

हमारे चाहने वाले हमारे घर में नहीं
कोई पड़ोस में कोई बग़ल में रहता है

गुज़रते लम्हों का हर वक़्त एहतराम करो
वो बादशाह था जो अस्तबल में रहता है

❖

## 12.

है मेरे दिल पर हक़ किसका हुकूमत कौन करता है
इबादतगाह है किसकी इबादत कौन करता है

वो चिड़ियाँ थीं दुआएँ पढ़ के जो मुझको जगाती थीं
मैं अक्सर सोचता था ये तिलावत कौन करता है

चराग़ों से हवा की दुश्मनी थी, घर जला मेरा
सज़ाएँ किस को मिलती हैं शरारत कौन करता है

यहाँ से रेल की पटरी बहुत नज़दीक है राना
चलो ये फ़ैसला कर लें मुहब्बत कौन करता है

❖

## 13.

ख़ूबसूरत झील में हँसता कँवल भी चाहिए
है गला अच्छा तो फिर अच्छी ग़ज़ल भी चाहिए

उठ के इस हँसती हुई दुनिया से जा सकता हूँ मैं
अहले-महफ़िल को मगर मेरा बदल भी चाहिए

सिर्फ़ फूलों से सजावट पेड़ की मुमकिन नहीं
मेरी शाख़ों को नये मौसम में फल भी चाहिए

ऐ मेरी ख़ाके-वतन, तेरा सगा बेटा हूँ मैं
क्यों रहूँ फ़ुटपाथ पर मुझको महल भी चाहिए

धूप वादों की बुरी लगने लगी है अब हमें
अब हमारे मसअलों का कोई हल भी चाहिए

तूने सारी बाज़ियाँ जीती हैं मुझ पर बैठ कर
अब मैं बूढ़ा हो गया हूँ अस्तबल भी चाहिए

❖

## 14.

तू हर परिन्दे को छत पर उतार लेता है
ये शौक़ वो है जो ज़ेवर उतार लेता है

मैं आसमाँ की बुलन्दी पे बारहा पहुँचा
मगर नसीब ज़मीं पर उतार लेता है

अमीरे-शहर की हमदर्दियों से बच के रहो
ये सर से बोझ नहीं, सर उतार लेता है

उसी को मिलता है एजाज़ भी ज़माने में
बहन के सर से जो चादर उतार लेता है

उठा है हाथ तो फिर वार भी ज़रूरी है
कि साँप आँखों में मंज़र उतार लेता है

❖

## 15.

निहत्था देख के मुझको लड़ाई करता है
जो काम उसने किया है वो भाई करता है

शिकायतों को नये ज़ाविये दिये उसने
वो आईने से हमारी बुराई करता है

यहाँ रहोगे तो कुछ दिन में जान जाओगे
ज़मीर बेचने वाला कमाई करता है

ये देखना है कहानी कहाँ बदलती है
अभी तलक तो वही बेवफ़ाई करता है

हमारे दिल पर हुकूमत उसी की रहती है
ख़ुदा नहीं है मगर वो ख़ुदाई करता है

उसे ग़रीबों से हमदर्दियाँ नहीं राना
वो अपने नाम की ख़ातिर भलाई करता है

❖

## 16.

किताबे-जिस्म पर इफ़लास की दीमक का क़ब्ज़ा है
जो चेहरा चाँद जैसा था वहाँ चेचक का क़ब्ज़ा है

बहुत दिन हो गये तुमने पुकारा था मुझे लेकिन
अभी तक दिल के दरवाज़े पे उस दस्तक का क़ब्ज़ा है

तेरा ग़म हुक्मरानी कर रहा है इन दिनों दिल पर
मेरी जागीर पर मेरे ही लेपालक का क़ब्ज़ा है

मेरे जैसे बहुत-से सरफिरों ने जान तक दे दी
मगर उर्दू ग़ज़ल पर आज तक ढोलक का क़ब्ज़ा है

ग़रीबों पर तो मौसम भी हुकूमत करते रहते हैं
कभी बारिश, कभी गर्मी, कभी ठण्डक का क़ब्ज़ा है

हमारे रहबरों को फ़िक्र रहती है हुकूमत की
हमारे आलिमों के ज़ेहन पर मसलक का क़ब्ज़ा है

❖

शोहरत मिली तो उसने भी लहजा बदल दिया
दौलत ने कितने लोगों का शजरा बदल दिया

## 17.

मिलेगा जब उसे ये ख़त लिखा हुआ मेरा
वो उसके बाद न देखेगा रास्ता मेरा

नहीं तो फिर ये उदासी ही रास क्यों आयी
ज़रूर 'मीर' से मिलता है सिलसिला मेरा

ये सोच कर मुझे ले जाओ दार की जानिब
तुम्हीं बनाओगे एक दिन मुजस्समा मेरा

तुम्हारे शहर से रुख़सत का वक़्त आ पहुँचा
जो हो सके तो भुला दो कहा-सुना मेरा

मैं इस ख़याल से जाता नहीं हूँ गाँव कभी
वहाँ के लोगों ने देखा है बचपना मेरा

❖

लबों पे उसके कभी बद-दुआ नहीं होती
बस एक माँ है जो मुझ से ख़फ़ा नहीं होती

मैं इक फ़क़ीर 1के होंटों की मुस्कुराहट हूँ2
किसी से भी मेरी क़ीमत अदा नहीं होती

❖

## 18.

कभी किसी से भी ज़िक्रे-जुदाई मत करना
इन आँसुओं को कभी रौशनाई मत करना

हमें तुम्हारी ज़रूरत सही मगर, फिर भी
हमारे वास्ते दिल से लड़ाई मत करना

जहाँ से जी न लगे तुम वहीं बिछड़ जाना
मगर ख़ुदा के लिए बेवफ़ाई मत करना

जो लोग कम हों तो काँधा ज़रूर दे देना
सरहाने आके मगर भाई भाई मत कहना

❖

लहू में रंग के छींटे मिलाये जाते हैं
मुशायरों में लतीफ़े सुनाये जाते हैं

नया चराग़ जलाते हैं जब भी हम राना
हमें हवाओं के क़िस्से सुनाये जाते हैं

❖

## 19.

कच्चे समर शजर से अलग कर दिये गये
हम कमसिनी में घर से अलग कर दिये गये

लिक्खी गयीं हमारे लहू से ही सुर्ख़ियाँ
लेकिन हमीं ख़बर से अलग कर दिये गये

उन बच्चों जैसा हाल है अपना जो बेसबब
माँ-बाप की नज़र से अलग कर दिये गये

बस इतनी मुख़्तसर है बिछड़ने की दास्ताँ
आँचल थे और सर से अलग कर दिये गये

अब जा के एक उम्र पे ये राज़ खुल सका
हम ऐब थे हुनर से अलग कर दिये गये

❖

# 20.

मुफ़लिसी पासे-शराफ़त नहीं रहने देगी
ये हवा पेड़ सलामत नहीं रहने देगी

शहर के शोर से घबरा के अगर भागोगे
फिर तो जंगल में भी वहशत नहीं रहने देगी

कुछ नहीं होगा तो आँचल में छुपा लेगी मुझे
माँ कभी सर पे खुली छत नहीं रहने देगी

आप के पास ज़माना नहीं रहने देगा
आप से दूर मुहब्बत नहीं रहने देगी

शहर के लोग बहुत अच्छे हैं लेकिन मुझको
'मीर' जैसी ये तबीयत नहीं रहने देगी

रास्ता अब भी बदल दीजिए राना साहब
शायरी आप की इज़्ज़त नहीं रहने देगी

❖

## 21.

इतना रोये थे लिपट कर दरो-दीवार से हम
शहर में आ के बहुत दिन रहे बीमार-से हम

अपने बिकने का बहुत दुख है हमें भी लेकिन
मुस्कुराते हुए मिलते हैं ख़रीदार से हम

संग आते थे बहुत चारों तरफ़ से घर में
इसलिए डरते हैं अब शाख़े-समरदार से हम

सायबाँ हो, तेरा आँचल हो कि छत हो लेकिन
बच नहीं सकते रुसवाई की बौछार से हम

रास्ता तकने में आँखें भी गवाँ दीं राना
फिर भी महरूम रहे आपके दीदार से हम

❖

## 22.

उधर ये हुक्मे-ख़ुदा है उठा लिया जाये
इधर मरीज़ की ख़्वाहिश बचा लिया जाये

समझ गया है कि मौसम बदलने वाला है
ग़रीब कहता है सबको बुला लिया जाये

परिन्दे चोंच में तिनके दबाये जाते हैं
मैं सोचता हूँ कि अब घर बसा लिया जाये

वो मेरी आँखों में रहता है पुतलियों की तरह
वो मेरा शेर नहीं जो चुरा लिया जाये

❖

## 23.

हम उसके ग़म में हमेशा तबाह रहते हैं
इसी से आँखों के हल्क़े सियाह रहते हैं

छलकती रहती हैं आँखें हमेशा अश्कों से
हमारे साथ हमारे गवाह रहते हैं

चुका के क़र्ज़ मैं साँसों का लौट जाऊँगा
वो और हैं जो यहाँ ख़ामख़ाह रहते हैं

तेरा ख़याल, तेरा ग़म, ग़मे-ज़माना भी
महल में दिल के कई बादशाह रहते हैं

❖

## 24.

दिल को दुखने का सलीक़ा भी नहीं आता है
इस परिन्दे को तड़पना भी नहीं आता है

वो समझते ही नहीं हैं मेरी मजबूरी को
इसलिए बच्चों पे गुस्सा भी नहीं आता है

चाहता हूँ कि तेरे हाथ भी पीले हो जायें
क्या करूँ मैं कोई रिश्ता भी नहीं आता है

सोचता हूँ कि गिरा दूँ सभी रिश्तों के खँडर
इन मकानों से किराया भी नहीं आता है

उसकी फ़ैयाज़ी का अन्दाज़ा लगा लो इससे
उसके दरवाज़े पे कुत्ता भी नहीं आता है

❖

## 25.

मैं उसकी आँखों से छलकी शराब पीता हूँ
फ़क़ीर हो के भी मँहगी शराब पीता हूँ

तुझे भी देखूँ तो पहचानने में देर लगे
कभी-कभी तो मैं इतनी शराब पीता हूँ

मुझे नशे में बहकने कभी नहीं देता
वो जानता है मैं कितनी शराब पीता हूँ

पराये पैसों पे अय्याशियाँ नहीं की हैं
मैं जब भी पीता हूँ अपनी शराब पीता हूँ

पुराने चाहने वालों की याद आने लगे
इसीलिए मैं पुरानी शराब पीता हूँ

❖

## 26.

उम्र भर ख़ाली यूँ ही दिल का मकाँ रहने दिया
तुम गये तो दूसरे को कब यहाँ रहने दिया

उम्र भर उसने भी मुझ से मेरा दुख पूछा नहीं
मैंने भी ख़्वाहिश को अपनी बेज़बाँ रहने दिया

उसने जब भी सौंप दी है जिस्म की उजली किताब
मैंने कुछ औराक़ उल्टे कुछ को, हाँ रहने दिया

मैंने कल शब चाहतों की सब किताबें फाड़ दीं
सिर्फ़ इक काग़ज़ पे लिक्खा लफ़्ज़े-माँ रहने दिया

❖

काग़ज़ के बने ताजमहल बेच रहे हैं
जो बाग़ के मालिक थे वो फल बेच रहे हैं

❖

## 27.

मुस्कुराहट मेरे ज़ख़्मों को छुपा लेती है
ये वो चादर है जो ऐबों को छुपा लेती है

मैं भी हँसते हुए लोगों से नहीं मिलता हूँ
वो भी रोती है तो आँखों को छुपा लेती है

इस तरह मैंने तेरा राज़ छुपाया था सब से
जिस तरह घास ज़मीनों को छुपा लेती है

अब भी चलती है जब आँधी कभी ग़म की राना
माँ की ममता मुझे बाँहों में छुपा लेती है

❖

जो मेरे साथ भटकते थे तितलियों के लिए
ख़रीद लाये हैं परदे वो खिड़कियों के लिए

तुझे ख़बर नहीं शायद तेरे बिछड़ने से
तरस गये हैं ये दरवाज़े दस्तकों के लिए

❖

## 28.

हम दोनों में आँखें कोई गीली नहीं करता
ग़म वो नहीं करता है तो मैं भी नहीं करता

मौक़ा तो कई बार मिला है मुझे, लेकिन
मैं उससे मुलाक़ात में जल्दी नहीं करता

वो मुझसे बिछड़ते हुए रोया नहीं वरना
दो-चार बरस और मैं शादी नहीं करता

वो मुझसे बिछड़ने को भी तैयार नहीं है
लेकिन वो बुज़ुर्गों को ख़फ़ा भी नहीं करता

ख़ुश रहता है वो अपनी ग़रीबी में हमेशा
राना कभी शाहों की गुलामी नहीं करता

❖

## 29.

मेरी मज़लूमियत पर ख़ून पत्थर से निकलता है
मगर दुनिया समझती है मेरे सर से निकलता है

ये सच है चारपाई साँप से महफ़ूज़ रखती है
मगर जब वक़्त आ जाये तो छप्पर से निकलता है

हमें बच्चों का मुस्तक़बिल लिये फिरता है सड़कों पर
नहीं तो गर्मियों में कब कोई घर से निकलता है

❖

हाय कितनी ख़ूबसूरत गालियाँ देने लगे
अब मेरे अहबाब मुझको कुर्सियाँ देने लगे

मुद्दतों के बाद उसने ख़त लिखा है इस तरह
जैसे इक बेवा को कोई चूड़ियाँ देने लगे

❖

## 30.

जो ख़ता मैंने नहीं की उस पे पछताना पड़ा
बेवफ़ाई आपने की मुझको शरमाना पड़ा

इक ज़रा-सी बात पर उसने मुझे ठुकरा दिया
मुझको जिसके वास्ते दुनिया को ठुकराना पड़ा

ज़िन्दगी के रास्ते में जब भी मैख़ाने मिले
तेरी आँखों की क़सम खा कर चले आना पड़ा

❖

एक हल्के-से इशारे की ज़रूरत होगी
दिल की कश्ती को किनारे की ज़रूरत होगी

याद आयेंगी ये फैली हुई बाँहें उस दिन
जब कभी तुमको सहारे की ज़रूरत होगी

❖

## 31.

नये कमरों में अब चीज़ें पुरानी कौन रखता है
परिन्दों के लिए शहरों में पानी कौन रखता है

कहीं भी इन दिनों मेरी तबीयत ही नहीं लगती
तेरी जानिब से दिल में बदगुमानी कौन रखता है

हमीं गिरती हुई दीवार को थामे रहे वरना
सलीक़े से बुज़ुर्गों की निशानी कौन रखता है

ये रेगिस्तान है चश्मा कहीं से फूट सकता है
शराफ़त इस सदी में ख़ानदानी कौन रखता है

हमीं भूले नहीं अच्छे-बुरे दिन आज तक वरना
मुनव्वर, याद माज़ी की कहानी कौन रखता है

❖

## 32.

# एक गीत

मेरे लब पे था जिसका नाम
किया जब उसने मुझे बदनाम

तो घुँघरू बाँध लिये

मेरी चाहत राधा जैसी थी
मेरी सूरत गुड़िया जैसी थी
मैं पाक भी गंगा जैसी थी
इक रोज़ मैं सीता जैसी थी

जो मेरे लिए था राम
किया जब उसने मुझे बदनाम
तो घुँघरू बाँध लिये

मेरी ज़ुल्फ़ का बादल जिसका था
मेरी आँख का काजल जिसका था
मेरी लाज का आँचल जिसका था
जीवन का हर पल जिसका था

थी जिसके लिए हर शाम

किया जब उसने मुझे बदनाम
तो घुँघरू बाँध लिये

जो मेरा हँसना-रोना था
जो मेरा खेल-खिलौना था
जो मेरा चाँदी-सोना था
जिसे मेरा सब कुछ होना था

मैं राधा थी वो श्याम
किया जब उसने मुझे बदनाम
तो घुँघरू बाँध लिये

हालात से मैं घबरायी नहीं
माहौल से मैं कतरायी नहीं
अब इसमें कोई रुसवाई नहीं
सब गाहक हैं कोई भाई नहीं

मेरे सबने लगाये दाम
किया जब उसने मुझे बदनाम
तो घुँघरू बाँध लिये

❖

## 33.

बाप की मीरास से यूँ दोनों ने हिस्सा ले लिया
भाई ने दस्तार ले ली मैंने जूता ले लिया

ज़िन्दगी में आज इक सच्ची इबादत मैंने की
यानी इक रोते हुए बच्चे का बोसा ले लिया

मैं कोई एहसान मानूँ भी तो आख़िर किसलिए
शहर ने दौलत अगर दी है तो बेटा ले लिया

❖

काजल से मेरा नाम न लिख्रिए किताब पर
कुछ लोग जल न जायें कहीं इन्तख़ाब पर

❖

## 34.

तुझे अकेले पढ़ूँ कोई हम-सबक़ न रहे
मैं चाहता हूँ कि तुझ पर किसी का हक़ न रहे

मुझे जुदाई के मौसम पर एतराज़ नहीं
मेरी दुआ है कि उसको भी कुछ क़लक न रहे

वो तेरा नाम किसी अजनबी के लब चूमे
मेरी जबीं पे ये मुमकिन नहीं अरक़ न रहे

वो मुझको छोड़ न देता तो और क्या करता
मैं वो किताब हूँ जिसके कई वरक़ न रहे

उसे भी हो गयी मुद्दत किताबे-दिल खोले
मुझे भी याद पुराने कई सबक़ न रहे

वो हमसे छीन के माज़ी भी ले गया राना
हम उसको याद भी करने के मुस्तहक़ न रहे

❖

## 35.

मेरे लबों ने झूठी हँसी को नहीं छुआ
तुझ से बिछड़ के मैंने किसी को नहीं छुआ

दिल जिसको चाहता था मैं उससे नहीं मिला
मैं जिसको चाहता था उसी को नहीं छुआ

❖

वो अपने घर में रौशन सारी शम्में गिनता रहता है
अकेला भाई ख़ामोशी से बहनें गिनता रहता है

मुलायम उँगलियों पर शाम की तनहाई में अक्सर
जो मेरे साथ गुज़री हैं वो शामें गिनता रहता है

❖

सितारे पलकों पे अपनी सजाने वाला था
मैं आज जश्ने-तबाही मनाने वाला था

गुज़र गयी है कुचलते हुए ये बस जिसको
वो शख़्स लौट के कल गाँव जाने वाला था

❖

## 36.

तेरे चेहरे पे कोई ग़म नहीं देखा जाता
हमसे उतरा हुआ परचम नहीं देखा जाता

वो हमें जब भी बुलायेगा चले जायेंगे
उससे मिलना हो तो मौसम नहीं देखा जाता

❖

मैं जिसके वास्ते जलता रहा दिये की तरह
उसी ने छोड़ दिया मुझको हाशिये की तरह

हमारा उससे तआल्लुक़ बहुत क़रीबी है
हम उसके जिस्म से वाक़िफ़ हैं तौलिये की तरह

❖

ऐसा नहीं कि शहर में कमसिन नहीं रहे
गुड़ियों से खेलने के मगर दिन नहीं रहे

शायद हमारे पाँव में तिल है कि आज तक
घर में कभी सुकून से दो दिन नहीं रहे

❖

## 37.

बिछड़ने वालों का अब इन्तज़ार क्या करना
उड़ा दिये तो कबूतर शुमार क्या करना

हमारे हाथ में तलवार भी है, मौक़ा भी
मगर गिरे हुए दुश्मन पे वार क्या करना

वो आदमी है तो एहसासे-जुर्म काफ़ी है
वो संग है तो उसे संगसार क्या करना

बदन में ख़ून नहीं हो ख़ूँबहा कैसा
मगर अब इसका बयाँ बार-बार क्या करना

चराग़े-आख़िरे-शब जगमगा रहा है मगर
चराग़े-आख़िरे-शब का शुमार क्या करना

❖

## 38.

तुझसे मिलती-जुलती होगी ऐसी ग़ज़ल कह सकता हूँ
देख के तुझको सोच रहा हूँ मैं भी ग़ज़ल कह सकता हूँ

उससे मुझको बिछड़े हुए गो एक ज़माना बीत गया
लेकिन इतना हक़ है, उसको अपनी ग़ज़ल कह सकता हूँ

तुझको इतना सोच चुका हूँ तुझसे इतना वाक़िफ़ हूँ
औरों ने तो शेर कहे मैं पूरी ग़ज़ल कह सकता हूँ

तितली, फूल, परिन्दे, मौसम, चेहरा, आँखें, नीली झील
ऐसे मौसम मिल जायें तो अब भी ग़ज़ल कह सकता हूँ

सुबह-सवेरे घर से चलना रात गये घर लौट के आना
ज़िम्मेदारी इतनी मुझ पर फिर भी ग़ज़ल कह सकता हूँ

❖

हमको बाज़ारों की ज़ीनत के लिए तोड़ा गया
फूल हो कर भी कहाँ हम गेसू-ए-लैला में हैं

ऐबजूई से अगर फ़ुर्सत मिले तो देखना
दोस्तो कुछ ख़ूबियाँ भी हज़रते-राना में हैं

❖

## 39.

फिर आँसुओं की ज़रूरत न चश्मे-तर को हुई
हुई जब उससे जुदाई तो उम्र भर को हुई

तकल्लुफ़ात ने ज़ख़्मों को कर दिया नासूर
कभी मुझे कभी ताख़ीर चारागर को हुई

अब अपनी जान भी जाने का ग़म नहीं हमको
चलो ख़बर तो किसी तरह बेख़बर को हुई

बस एक रात दरीचे में चाँद उतरा था
कि फिर चराग़ की ख़्वाहिश न बामो-दर को हुई

किसी भी हाथ का पत्थर इधर नहीं आया
निदामत अब के बहुत शाख़े-बेसमर को हुई

हमारे पाँव में काँटे चुभे हुए थे मगर
कभी सफ़र में शिकायत न हमसफ़र को हुई

मैं बेपता लिखे ख़त की तरह था ऐ राना
मेरी तलाश बहुत मेरे नामाबर को हुई

❖

## 40.

मेरे कमरे में अँधेरा नहीं रहने देता
आपका ग़म मुझे तनहा नहीं रहने देता

वो तो ये कहिए कि शमशीर-ज़नी आती थी
वरना दुश्मन हमें ज़िन्दा नहीं रहने देता

मुफ़लिसी घर में ठहरने नहीं देती हमको
और परदेस में बेटा नहीं रहने देता

तिश्नगी मेरा मुक़द्दर है इसी से शायद
मैं परिन्दों को भी प्यासा नहीं रहने देता

रेत पर खेलते बच्चों को अभी क्या मालूम
कोई सैलाब घरौंदा नहीं रहने देता

ग़म से लछमन की तरह भाई का रिश्ता है मेरा
मुझको जंगल में अकेला नहीं रहने देता

❖

## 41.

हो चाहे जिस इलाक़े की ज़बाँ बच्चे समझते हैं
सगी है या कि सौतेली है माँ बच्चे समझते हैं

इन्हें अपनी ज़रूरत के ठिकाने याद रहते हैं
कहाँ पर है खिलौनों की दुकाँ बच्चे समझते हैं

हुकूमत परदापोशी में बहुत मसरूफ़ है लेकिन
कहाँ से आ रहा है ये धुआँ बच्चे समझते हैं

## 42.

घरों में यूँ सयानी लड़कियाँ बेचैन रहती हैं
कि जैसे साहिलों पर कश्तियाँ बेचैन रहती हैं

मैं हूँ परदेस में और घर में बहनों का ये आलम है
बिना फूलों के जैसे तितलियाँ बेचैन रहती हैं

किसी इक घर में भी चूल्हा नहीं जलता अगर राना
तो गेहूँ की सुनहरी बालियाँ बेचैन रहती हैं

❖

## 43.

जिस दिन से मुझे अर्ज़े-वतन भूल गयी है
लगता है मेरी रूह बदन भूल गयी है

या तो मुझे अब दर्द का एहसास नहीं है
या आपकी शमशीर चुभन भूल गयी है

बरसों की जुदाई पे मिला हूँ तो ज़बाँ भी
बच्चों की तरह तर्ज़े-सुख़न भूल गयी है

कब बिछड़े थे, क्यों बिछड़े थे, किस मोड़ पे बिछड़े
तारीख़ उसे याद है सन भूल गयी है

दिन भर की मशक़्क़त से बदन चूर है लेकिन
माँ ने मुझे देखा तो थकन भूल गयी है

❖

## 44.

उदास रहता है बैठा शराब पीता है
वो जब भी होता है तनहा शराब पीता है

तुम्हारी आँखों की तौहीन है ज़रा सोचो
तुम्हारा चाहने वाला शराब पीता है

वो मेरे होंटों पे रखता है फूल-सी आँखें
ख़बर उड़ाओ कि राना शराब पीता है

❖

वो एक गुड़िया जो मेले में कल दुकान पे थी
दिनों की बात है पहले मेरे मकान पे थी

❖

## 45.

अब कहने की ये बात नहीं है लेकिन कहना पड़ता है
इक तुझसे मिलने की ख़ातिर हमें सबसे मिलना पड़ता है

अब दिन-तारीख़ तो याद नहीं बस इससे अन्दाज़ा कर लो
हम उस मौसम में बिछड़े थे जब गाँव में झूला पड़ता है

माँ-बाप की बूढ़ी आँखों में इक फ़िक्र-सी छायी रहती है
जिस कम्बल में सब सोते थे अब वो भी छोटा पड़ता है

सब कहते हैं ये देश हमारा सोने की इक चिड़िया है
इस बात को वो कैसे माने जिसे भूखा सोना पड़ता है

❖

हम परिन्दों की तरह सुबह से दाने के लिए
घर से चल पड़ते हैं कुछ पैसे कमाने के लिए

जिसको बच्चों में पहुँचने की बहुत जल्दी हो
उससे कहिए न कभी कार चलाने के लिए

❖

## 46.

घर की दीवार पे कौए नहीं अच्छे लगते
मुफ़लिसी में ये तमाशे नहीं अच्छे लगते

ग़ालिबो-मीर की नस्लें हो जहाँ पर मौजूद
ऐसी महफ़िल में लतीफ़े नहीं अच्छे लगते

इश्क़ का खेल जवानी के लिए होता है
ढलती उम्रों में मुँहासे नहीं अच्छे लगते

❖

कोई पागल किसी पागल को पकड़ना चाहे
मरमरीं हाथ से मख़मल को पकड़ना चाहे

यूँ ही मैंने तेरे आँचल की तमन्ना की थी
जैसे बच्चा कोई बादल को पकड़ना चाहे

❖

## 47.

दिल वो बस्ती है जहाँ कोई तमन्ना न मिली
मैं वो पनघट हूँ जिसे कोई भी राधा न मिली

एक ही आग में ताउम्र जले हम दोनों
तुम को यूसुफ़ न मिला हम को ज़ुलैख़ा न मिली

मेरा बनवास पे जाने का इरादा था मगर
मुझको दुनिया में कहीं भी कोई सीता न मिली

उसने बुलवाये थे मशहूर नजूमी लेकिन
खुरदुरे हाथ में तक़दीर की रेखा न मिली

इत्तफ़ाक़न कभी आयी तो कोई ग़म लायी
ऐ ख़ुशी, तू मुझे इक बार भी तनहा न मिली

❖

## 48.

हर एक शाम वो चेहरा दिखायी देता था
यहीं से उसका दरीचा दिखायी देता था

मुझे भी उसकी जुदाई सताती रहती थी
उसे भी ख़्वाब में बेटा दिखायी देता था

मेरे बुज़ुर्गों का साया था जब तलक मुझ पर
मैं अपनी उम्र से छोटा दिखायी देता था

❖

मक़बरे को जो हसीं ताजमहल कहते हैं
उनसे अच्छे तो हमीं हैं कि ग़ज़ल कहते हैं

एक मुद्दत हुई तू चैन से सोया भी नहीं
देख ले इसको मेरे सब्र का फल कहते हैं

❖

## 49.

बड़े शहरों में भी रह कर बराबर याद करता था
वो एक छोटे-से इस्टेशन का मंज़र याद करता था

बहन का प्यार, माँ की मामता, दो चीख़ती आँखें
यही तोहफ़े थे वो जिनको मैं अक्सर याद करता था

न जाने कौन-सी मजबूरियाँ परदेस लायी थीं
वो जितनी देर भी ज़िन्दा रहा, घर याद करता था

उसे मुझसे बिछड़ने पर निदामत तो नहीं लेकिन
कहीं मिल जाये तो कहना मुनव्वर याद करता था

❖

ये शायरी नहीं ऐ मेरी सरफ़रोश ज़बाँ
बसद ख़ुलूस तेरा एहतेराम करता हूँ

हवा के दोश पे रौशन है जो बनामे-ग़ज़ल
मैं उस चराग़ की लौ को सलाम करता हूँ

❖

## 50.

ऐ ख़ुदा, देख ले दुखने लगीं आँखें मेरी
जब से वो आ के चुरा ले गया नींदें मेरी

कोई ख़्वाहिश, न तमन्ना, न मसर्रत, न मलाल
जिस्म का क़र्ज़ अदा करती हैं साँसें मेरी

धूप रिश्तों की निकल आयेगी, ये आस लिये
घर की दहलीज़ पे बैठी रहीं बहनें मेरी

मैं इक इस्कूल के आँगन का शजर हूँ राना
नोच ली जाती हैं बचपन ही में शाख़ें मेरी

❖

## 51.

बला से दाद कम मिलती मगर मेआर बच जाता
अगर परहेज़ कर लेता तो ये बीमार बच जाता

मेरे जज़्बात गूँगे थे ज़बाँ खोली नहीं अपनी
नहीं तो ग़ैर मुमकिन था मेरा किरदार बच जाता

बना कर घोंसला रहता था एक जोड़ा कबूतर का
अगर आँधी नहीं आती तो ये मीनार बच जाता

हमें तो एक दिन मरना था हम चाहे जहाँ मरते
उसे शर्मिन्दगी होती जो उसका वार बच जाता

बुज़ुर्गों की बनाई ये इमारत बिकने वाली है
जो तुम ग़ज़लें नहीं कहते तो कारोबार बच जाता

❖

## 52.

इन आते-जाते हुए मौसमों से क्या लेना
जो अपने पास नहीं दूसरों से क्या लेना

वो साथ था तो पहन-ओढ़ कर निकलते थे
वही नहीं है तो इन ज़ेवरों से क्या लेना

वो चाहता है मुझे भी मेरी ग़ज़ल की तरह
नहीं तो उसको भला शायरों से क्या लेना

वो जिसके वास्ते फिरते थे इश्तहार बने
बिछड़ के उससे हमें शोहरतों से क्या लेना

वो जिसका नाम लिखा है हमारे चेहरे पर
अब उसके नाम को अपने लबों से क्या लेना

❖

## 53.

सुख देती हुई माँओं को गिनती नहीं आती
पीपल की घनी छाँव को गिनती नहीं आती

मज़लूमों की तादाद भी तुमको नहीं मालूम
हैरत है कि आक़ाओं को गिनती नहीं आती

वरना ये बता देते हमें लाशों की तादाद
अच्छा है कि दरियाओं को गिनती नहीं आती

❖

यूँ बुझा है चराग़ यादों का
जब भी फैले हैं कर्ब के साये

जैसे इकलौता लाल बेवा का
किसी मोटर से दब के मर जाये

❖

## 54.

वो एक शख़्स जो बचपन से मेरे गाँव में है
ये जानता नहीं कोई कि देवताओं में है

जो अपने गाँव की पगडण्डियों पे छोड़ आया
छुपी हुई मेरी अज़मत उसी खड़ाओं में है

तमाम दोस्त हमें छोड़ कर चले भी गये
मगर ये काँटा अभी तक हमारे पाँव में है

लिपट के रोती नहीं हैं कभी शहीदों से
ये हौसला भी हमारे वतन की माँओं में है

❖

## 55.

कभी ख़ुशी से ख़ुशी की तरफ़ नहीं देखा
तुम्हारे बाद किसी की तरफ़ नहीं देखा

ये सोच कर कि तेरा इन्तज़ार लाज़िम है
तमाम उम्र घड़ी की तरफ़ नहीं देखा

यहाँ तो जो भी है आबे-रवाँ का आशिक़ है
किसी ने ख़ुश्क नदी की तरफ़ नहीं देखा

न रोक ले हमें रोता हुआ कोई चेहरा
चले तो मुड़ के गली की तरफ़ नहीं देखा

रविश बुज़ुर्गों की शामिल है मेरी घुट्टी में
ज़रूरतन भी सख़ी की तरफ़ नहीं देखा

❖

## 56.

ख़ानदानी विरासत के नीलाम पर आप अपने को तैयार करते हुए
उस हवेली के सारे मकीं रो दिये उस हवेली को बाज़ार करते हुए

दोस्ती-दुश्मनी दोनों शामिल रहीं दोस्तों की नवाज़िश थी कुछ इस तरह
काट ले शोख़ बच्चा कोई जिस तरह माँ के रुख़सार पर प्यार करते हुए

दुख बुज़ुर्गों ने काफ़ी उठाये मगर मेरा बचपन बहुत ही सुहाना रहा
उम्र भर धूप में पेड़ जलते रहे अपनी शाख़ें समरदार करते हुए

माँ की ममता घने बादलों की तरह सर पे साया किये साथ चलती रही
एक बच्चा किताबें लिये हाथ में ख़ामुशी से सड़क पार करते हुए

भीगी पलकें मगर मुस्कुराते हुए जैसे पानी बरसने लगे धूप में
मैंने राना मगर मुड़ के देखा नहीं घर की दहलीज़ को पार करते हुए

❖

## 57.

होंटों से लफ़्ज़, लफ़्ज़ से मतलब भी छीन ले
साँसों का क्या भरोसा है वो जब भी छीन ले

आँखें मेरी, सुकून मेरा, मेरी चाहतें
जब तू बिछड़ रहा है तो ये सब भी छीन ले

जब तूने मुफ़लिसी को मुक़द्दर बना दिया
बच्चों के दिल से ख़्वाहिशे-मकतब भी छीन ले

❖

एक लड़की मिली सरे-बाज़ार
उसकी आँखें कि जैसे मैख़ाना

और बातों में क़र्ज़ था इतना
जैसे मण्टो का कोई अफ़साना

❖

## 58.

हमारे फ़न की बदौलत हमें तलाश करे
मज़ा तो जब है कि शोहरत हमें तलाश करे

कहीं पे बैठ के तनहाइयों में रो लेना
अगर तुम्हारी मुहब्बत हमें तलाश करे

ज़रा जहाज़ के नज़दीक तो पहुँचने दो
फिर उसके बाद हुकूमत हमें तलाश करे

❖

काँटों से बच गया था मगर फूल चुभ गया
मेरे बदन में भाई का त्रिशूल चुभ गया

बच्चों की फ़ीस, उनकी किताबें, क़लम-दवात
मेरी ग़रीब आँखों में इस्कूल चुभ गया

❖

## 59.

ख़फा हुआ तो .ज्यादा दुआएँ देता है
बड़ी अजीब मुन्नवर सज़ाएँ देता है

पुराना पेड़ बुज़ुर्गों की तरह होता है
यही बहुत है कि ताज़ा हवाएँ देता है

❖

दिल को जब मिल गयी ख़ुशी कोई
उसने रक्खा सँभाल कर ऐसे

जैसे इस्मत किसी कुँवारी की
जैसे मुफ़लिस के हाथ में पैसे

❖

## 60.

हिज्र में पहले-पहल रोना बहुत अच्छा लगा
उम्र कच्ची थी तो फल कच्चा बहुत अच्छा लगा

मैंने एक मुद्दत से मस्जिद भी नहीं देखी अगर
एक बच्चे का अज़ाँ देना बहुत अच्छा लगा

जिस्म पर मेरे बहुत शफ़्फ़ाफ़ कपड़े थे मगर
धूल-मिट्टी में अटा बेटा बहुत अच्छा लगा

शहर की सड़कें हों चाहे गाँव की पगडण्डियाँ
माँ की उँगली थाम कर चलना बहुत अच्छा लगा

तार पर बैठी हुई चिड़ियों को सोता देख कर
फ़र्श पर सोता हुआ बच्चा अच्छा लगा

हम तो उसको देखने आये थे इतनी दूर से
वो समझता था हमें मेला बहुत अच्छा लगा

❖

## 61.

जिस तरह किनारे से किनारा नहीं मिलता
मैं जिससे बिछड़ता हूँ दोबारा नहीं मिलता

शर्म आती है मज़दूरी बताते हुए हमको
इतने में तो बच्चे का ग़ुबारा नहीं मिलता

आदत भी बुज़ुर्गों से हमारी नहीं मिलती
चेहरा भी बुज़ुर्गों से हमारा नहीं मिलता

ग़ालिब की तरफ़दार है दुनिया तो हमें क्या
ग़ालिब से कोई शे'र हमारा नहीं मिलता

❖

बज़ाहिर जो बहुत अच्छे-भले मालूम होते हैं
वो अन्दर से बहुत टूटे हुए मालूम होते हैं

किसी दुख का किसी चेहरे से अन्दाज़ा नहीं होता
शजर तो देखने में सब हरे मालूम होते हैं

❖

## 62.

तलाश करते हैं उनको ज़रूरतों वाले
कहाँ गये वो पुरानी शराफ़तों वाले

तमाम उम्र सलामत रहें दुआ है यही
हमारे सर पे हैं जो हाथ बरक़तों वाले

हम एक तितली के ख़ातिर भटकते-फिरते थे
कभी न आयेंगे वो दिन शरारतों वाले

ज़रा-सी बात पे आँखें बरसने लगती थीं
कहाँ चले गये मौसम वो चाहतों वाले

बँधे हुए हैं मेरे हाथ पुश्त की जानिब
कहाँ हैं, आयें, पुरानी अदावतों वाले

❖

हम न दिल्ली थे, न मज़दूर की बेटी लेकिन
काफ़िले जो भी इधर आये हमें लूट गये

❖

## 63.

# उड़े कबूतर उड़े ख़याल

इक बोसीदा-सी मस्जिद में
दीवारों, मेहराबों पर
और कभी छत की जानिब
मेरी आँखें घूम रही हैं
जाने किसको ढूँढ रही हैं
मेरी आँखें रुक जाती हैं
लोहे के उस ख़ाली हुक पर
जो ख़ाली-ख़ाली नज़रों से
हर इक चेहरा देख रहा है
कब से रस्ता देख रहा है
इक ऐसे इन्सान का शायद
जो इक पंखा ले आयेगा
लायेगा और दूर करेगा
मस्जिद की बेसामानी को
ख़ाली हुक की वीरानी को

मैंने जब इस हुक को देखा
मेरी नन्ही फूल-सी बेटी
मेरी आँखों में दर आयी
भोली माँ ने उसकी

अपनी प्यारी, राजदुलारी बेटी के
दोनों कानों को
अपने हाथों छेद दिया है
फूलों जैसे कानों में फिर
नीम के तिनके डाल दिये हैं!
उम्मीदों, आसों के सहारे
दिल-ही-दिल में सोच रही है
जब हमको अल्लाह हमारा
थोड़ा-सा भी पैसा देगा
बेटी के कानों में उस दिन
बालियाँ होंगी, बुन्दे होंगे

मैंने अनथक मेहनत करके
पंखा एक ख़रीद लिया है
मस्जिद के उस ख़ाली हुक को
मैंने पंखा सौंप दिया है
हुक में पंखा देख के मुझको
होता है महसूस कि जैसे
मेरी बेटी, बालियाँ पहने
घर की छत पर घूम रही है

❖

## 64.

हम सायादार पेड़ ज़माने के काम आये
जब सूखने लगे तो जलाने के काम आये

तलवार की मियान कभी फेंकना नहीं
मुमकिन है दुश्मनों को डराने के काम आये

कच्चा समझ के बेच न देना मकान को
शायद कभी ये सर को छुपाने के काम आये

❖

रात देखा है बहारों पे ख़िज़ाँ को हँसते
कोई तोहफ़ा मुझे शायद मेरा भाई देगा

❖

## 65.

ख़ुद सूख गया ज़ख़्म ने मरहम नहीं देखा
इस खेत ने बरसात का मौसम नहीं देखा

इस क़ौम को तलवार से डर ही नहीं लगता
तुमने कभी ज़ंजीर का मातम नहीं देखा

शाख़े-दिले-सरसब्ज़ में फल ही नहीं आये
आँखों ने कभी नींद का मौसम नहीं देखा

मस्जिद की चटाई पे ये सोते हुए बच्चे
इन बच्चों को देखो, कभी रेशम नहीं देखा

हम ख़ानाबदोशों की तरह घर में रहे हैं
कमरे ने हमारे कभी शीशम नहीं देखा

इस्कूल के दिन याद न आने लगें राना
इस ख़ौफ़ से हमने कभी अलबम नहीं देखा

❖

## 66.

हँसते हुए माँ-बाप की गाली नहीं खाते
बच्चे हैं तो क्यों शौक़ से मिट्टी नहीं खाते

तुम से नहीं मिलने का इरादा तो है लेकिन
तुम से न मिलेंगे, ये क़सम भी नहीं खाते

सो जाते हैं फ़ुटपाथ पे अख़बार बिछा कर
मज़दूर कभी नींद की गोली नहीं खाते

बच्चे भी ग़रीबी को समझने लगे शायद
जब जाग भी जाते हैं तो सहरी नहीं खाते

दावत तो बड़ी चीज़ है हम जैसे क़लन्दर
हर एक के पैसों की दवा भी नहीं खाते

अल्लाह ग़रीबों का मददगार है राना
हम लोगों के बच्चे कभी सर्दी नहीं खाते

❖

## 67.

हम उसके पास से उठ कर जो झूठ-मूठ गये
तमाम बाँध जो बाँधे थे उसने, टूट गये
तू हमको छोड़ के जाता है, जा, ख़ुदा-हाफ़िज़
मगर ख़ुदा न करे हम जो टूट-फूट गये

घेर लेने को मुझे जब भी बलाएँ आ गयीं
ढाल बन कर सामने माँ की दुआएँ आ गयीं
सूने आँगन की उदासी में इज़ाफ़ा हो गया
चोंच में तिनके लिये जब फ़ाख़्ताएँ आ गयीं

आरज़ूओ, दिले-पामाल की जानिब आना
आसमान, कभी पाताल की जानिब आना
इश्क़ है काम मेरा, नाम, मुनव्वर राना
मुझसे मिलना हो तो बंगाल की जानिब आना

❖

## 68.

जब भी देखा मेरे किरदार पे धब्बा कोई
देर तक बैठ के तनहाई में रोया कोई

लोग माज़ी का भी अन्दाज़ा लगा लेते हैं
मुझको तो याद नहीं कल का भी क़िस्सा कोई

बेसबब आँख में आँसू नहीं आया करते
आप से होगा यक़ीनन मेरा रिश्ता कोई

याद आने लगा इक दोस्त का बर्ताव मुझे
टूट कर जब भी गिरा शाख़ से पत्ता कोई

❖

## 69.

बाद में साथ निभाने की क़सम खा लेना
देख लो जलता हुआ पहले पतंगा कोई

उसको कुछ देर सुना लेता हूँ रूदादे-सफ़र
राह में जब कभी मिल जाता है अपना कोई

कैसे समझेगा बिछड़ना वो किसी का राना
टूटते देखा नहीं जिसने सितारा कोई

❖

## 70.

वो कहाँ रहता है कोई तो निशानी आये
उसका पैग़ाम हवाओं की ज़बानी आये

अपनी आँखों को उदासी से बचाना उस दम
जब कोई बात तुम्हें याद पुरानी आये

मेरे नज़दीक इसी तरह ख़ुशी आती है
जैसे मज़दूर के घर में कोई रानी आये

ज़ब्त के बाद भी यूँ आँख से आँसू निकले
जैसे छत काट के बरसात का पानी आये

यूँ चमकते हैं तेरी याद के जुगनू अक्सर
याद जैसे किसी पिक्चर की कहानी आये

❖

## 71.

बस, उचटती-सी एक नज़र डालो
जाम ख़ाली है इसको भर डालो

ज़िन्दगी जब बहुत उदास लगे
कोई छोटा गुनाह कर डालो

फ़ैसला बाद में भी कर लेना
पहले हालात पर नज़र डालो

दोस्ती का यही तक़ाज़ा है
अपना इलज़ाम मेरे सर पर डालो

मैं फ़क़ीरी में भी सिकन्दर हूँ
मुझ पे दौलत का मत असर डाल

❖

## 72.

महके हुए ख़याल के आँगन में आये थे
वो ख़्वाब बनके दीदा-ए-रौशन में आये थे

ये हादसा हुआ था मगर सिर्फ़ एक बार
मैं बाम पर खड़ा था वो आँगन में आये थे

कितना था पास उनको भी वादे का उन दिनों
इक बार भीगते हुए सावन में आये थे

तेरी गली को देख के आया हमें ख़याल
हम जैसे इस जगह कभी बचपन में आये थे

अब इसको इत्तफ़ाक़ ही कहिए तो ठीक है
जितने भी ख़ार थे मेरे दामन में आये थे

जब उनका सामना हुआ कुछ भी रहा न याद
वैसे कई सवाल मेरे मन में आये थे

❖

## 73.

रात माज़ी का इक अरमान बहुत याद आया
तू भी ऐसे में मेरी जान बहुत याद आया

तज़किरा था तेरी आँखों का सरे-बज़्म कहीं
और मुझे 'मीर' का दीवान बहुत याद आया

ग़म की सूरत जो मेरे दिल को दिया था तूने
ज़िन्दगी तेरा वो वरदान बहुत याद आया

जब मेरे हाथ से पैमाना गिरा है राना
एक टूटा हुआ पैमाना बहुत याद आया

❖

## 74.

ज़ख़्म माज़ी के महकने लगे गेसू की तरह
अब तेरी याद भी आती है तो ख़ुशबू की तरह

मौत जल्लाद की मानिन्द खड़ी है सर पर
ज़ीस्त ख़ामोश है सहमे हुए आहू की तरह

तेरी ज़ुल्फ़ों की घनी छाँव न मिल पायी हमें
ज़िन्दगी काट दी जलते हुए साखू की तरह

मै को ये सोच के हम हाथ लगाते ही नहीं
ये भी बेक़ैफ़ है मज़लूम के आँसू की तरह

उसकी आँखों में समन्दर की-सी गहराई है
और चेहरा किसी बहते हुए टापू की तरह

❖

## 75.

चुभने लगेगा आँखों में, मंज़र न देखिए
इन खिड़कियों से झाँक के बाहर न देखिए

मजबूर दिल के हाथों न होना पड़े मुझे
ज़ा ही रहे हैं आप तो मुड़ कर न देखिए

आँखों में रह न जाये कहीं पस्तियों का अक्स
इतनी बुलन्दियों से मेरा घर न देखिए

मासूमियत पे आपकी हँसने लगेगी झील
कच्चे घड़े को पानी से भर कर न देखिए

रोना पड़ेगा बैठ के अब देर तक मुझे
मैं कह रहा था आपसे, हँस कर न देखिए

काँटों की रहगुज़र हो कि फूलों का रास्ता
फैला दिये हैं पाँव तो चादर न देखिए

❖

## 76.

दिल्ली पुकारती है कभी बम्बई मुझे
क्या दर-बदर फिरायेगी मिट्टी मेरी मुझे

पत्तों ने कुछ कहा था ख़िज़ाओं के कान में
ऐसा लगा कि आपने आवाज़ दी मुझे

उसकी नवाज़िशें भी अजीबो-ग़रीब हैं
मुफ़लिस बना के बख़्श दी दरयादिली मुझे

इस शहर ने तो नाम भी मेरा बदल दिया
कहते थे पहले लोग मुनव्वर अली मुझे

❖

## 77.

आँखों में कोई ख़्वाब सुनहरा नहीं आता
इस झील पे अब कोई परिन्दा नहीं आता

हालात ने चेहरे की चमक छीन ली वरना
दो-चार बरस में तो बुढ़ापा नहीं आता

मुद्दत से तमन्नाएँ सजी बैठी हैं दिल में
इस घर में बड़े लोगों का रिश्ता नहीं आता

इस दर्जा मसायब के जहन्नुम में जला हूँ
अब कोई भी मौसम हो, पसीना नहीं आता

मैं रेल में बैठा हुआ ये सोच रहा हूँ
इस दौर में आसानी से पैसा नहीं आता

बस तेरी मुहब्बत में चला आया हूँ वरना
यूँ सबके बुला लेने से राना नहीं आता

❖

## 78.

अहदे-नौ तेरे मीर हैं हम लोग
आप अपनी नज़ीर हैं हम लोग

वक़्त पड़ने पर जान तक दी है
यूँ बज़ाहिर फ़क़ीर हैं हम लोग

मौत को महजबीं समझते हैं
किस बला के शरीर हैं हम लोग

वक़्त की सीढ़ियों पे लेटे हैं
इस सदी के कबीर हैं हम लोग

रख रहे हैं तेरे क़फ़स का भरम
मत समझना असीर हैं हम लोग

❖

## 79.

ख़ाली-ख़ाली न यूँ ही दिल का मकाँ रह जाये
तुम ग़मे-यार से कह दो कि यहाँ रह जाये

रूह भटकेगी तो बस तेरे लिए भटकेगी
जिस्म का क्या भरोसा है ये कहाँ रह जाये

एक मुद्दत से मेरे दिल में वो यूँ रहता है
जैसे कमरे में चराग़ों का धुआँ रह जाये

इसलिए ज़ख़्मों को मरहम से नहीं मिलवाया
कुछ-न-कुछ आपकी क़ुरबत का निशाँ रह जाये

❖

शाख़े-दिल पर आरज़ूओं के समर आने लगे
मेरे आँसू उनकी आँखों में नज़र आने लगे

अब मुझे अपने हरीफ़ों से ज़रा भी डर नहीं
मेरे कपड़े भाइयों के जिस्म पर आने लगे

❖

## 80.

गौतम की तरह घर से निकल कर नहीं जाते
हम रात में छुप कर कहीं बाहर नहीं जाते

बचपन में किसी बात पे हम रूठ गये थे
उस दिन से इसी शहर में हैं, घर नहीं जाते

इक उम्र यूँ ही काट दी फ़ुटपाथ पे रह कर
हम ऐसे परिन्दे हैं जो उड़ कर नहीं जाते

उस वक़्त भी अक्सर तुझे हम ढूँढने निकले
जिस धूप में मज़दूर भी छत पर नहीं जाते

हर वार अकेले ही सहा करते हैं राना
हम साथ में ले कर कहीं लश्कर नहीं जाते

❖

## 81.

चराग़े-दिल बुझाना चाहता था
वो मुझको भूल जाना चाहता था

मुझे वो छोड़ जाना चाहता था
मगर कोई बहाना चाहता था

ज़बाँ ख़ामोश थी उसकी मगर वो
मुझे वापस बुलाना चाहता था

उसे नफ़रत थी अपने आप से भी
मगर उसको ज़माना चाहता था

बहुत ज़ख़्मी थे उसके होंट लेकिन
वो बच्चा मुस्कुराना चाहता था

सफ़ेदी आ गयी बालों में उसके
वो बाइज़्ज़त घराना चाहता था

तमन्ना दिल की जानिब बढ़ रही थी
परिन्दा आशियाना चाहता था

❖

## 82.

हम ईंट-ईंट को दौलत से लाल कर देते
अगर ज़मीर की चिड़िया हलाल कर देते

तकल्लुफ़ात में होता है इश्क़ का नुक़सान
वो सुन रहा था तो फिर अर्ज़े-हाल कर देते

तुम्हारे ख़ून की रंगत समझ में आ जाती
अगर फ़क़ीर को सिक्का उछाल कर देते

तुम्हारा फ़ैसला हमको क़ुबूल है लेकिन
दिया था दिल तो ज़रा देख-भाल कर देते

❖